Petit Ours Brun
fait de la peinture

Illustrations de Danièle Bour

bayard jeunesse

Petit Ours Brun dit :
– Je vais faire
de la peinture,
comme ça,
je ne vais pas te déranger.

Tu m'aides à mettre mon tablier ?

Et je voudrais aussi
de la peinture
et du papier,

et puis de l'eau
dans un gobelet.

Maman,
tu veux quoi
comme dessin ?

Tu sais,
j'ai presque fini !

Tiens, maman !
Une autre feuille,
s'il te plaît.

Petit Ours Brun est un héros des magazines
Popi et *Pomme d'Api*.
Les illustrations ont été réalisées par Danièle Bour.
Le texte de cet album a été écrit
par l'équipe de rédaction de *Pomme d'Api*.

© Bayard Éditions 2002, 2005
ISBN 13 : 978-2-7470-1699-5
Dépôt légal : mai 2005 - 9ᵉ édition
Loi 49-956 du 16 juillet 1949 sur les publications destinées à la jeunesse
Tous les droits réservés. Reproduction, même partielle, interdite.
Imprimé en Italie